Recursos basados en la inteligencia artificial aplicables a la empresa

Yolanda López Benítez

ic editorial

Recursos basados en la inteligencia artificial aplicables a la empresa
© Yolanda López Benítez

1ª Edición

© IC Editorial, 2025

Editado por: IC Editorial
c/ Cueva de Viera, 2, Local 3
Centro Negocios CADI
29200 Antequera (Málaga)
Teléfono: 952 70 60 04
Fax: 952 84 55 03
Correo electrónico: iceditorial@iceditorial.com
Internet: www.iceditorial.com

ISBN: 978-84-1184-535-9
Depósito Legal: MA 14-2025

Impresión: PODiPrint
Impreso en Andalucía – España

Nota de la editorial: IC Editorial pertenece a Innovación y Cualificación S. L.

Índice

Unidad de aprendizaje 1
**Recursos basados en inteligencia artificial
aplicables a la empresa**

OBJETIVOS GENERALES

Los objetivos generales del título **Recursos basados en la inteligencia artificial aplicables a la empresa** son los siguientes:

- ⊃ Adquirir conocimientos sobre las tecnologías asociadas a la empresa, así como su uso.
- ⊃ Adquirir conocimientos sobre las aplicaciones de la inteligencia artificial en la empresa.
- ⊃ Aportar una visión estratégica que permita identificar oportunidades de negocio basados en inteligencia artificial, conociendo ejemplos, herramientas y recursos humanos.

Recursos basados en inteligencia artificial aplicables a la empresa

Contenido

Objetivos

El objetivo general de esta Unidad de Aprendizaje es:

→ Aportar una visión estratégica que permita identificar oportunidades de negocio basados en inteligencia artificial, conociendo ejemplos, herramientas y recursos humanos.

Los objetivos específicos de esta Unidad de Aprendizaje son:

→ Enumerar herramientas que utilizan la inteligencia artificial para mejorar la productividad del negocio, descubriendo sus funcionalidades.

→ Distinguir las labores de profesionales expertos que puedan ayudar a abordar la transformación, el desarrollo y prácticas innovadoras en las empresas, conociendo sus responsabilidades y tareas.

→ Identificar oportunidades para implementar en un negocio tradicional la inteligencia artificial y el *Big Data*, conociendo los beneficios que todo ello reporta.

1. Introducción

Poco a poco la inteligencia artificial se está haciendo un gran hueco en la sociedad. Cada día la ciudadanía realiza millones de interacciones haciendo uso de una sencilla tecnología en la que participa esa inteligencia no natural.

Se puede observar cómo las personas aceptan como parte de la normalidad estos cambios. Sin embargo, aún son muchos los negocios que siguen sin ver el potencial de la inteligencia artificial. Esto hace que muchas empresas todavía no estén preparadas para acondicionar su actividad a esa transformación tan vital para su subsistencia.

Por todo ello, y para alentar a que aquellas empresas que aún no han sabido abordar este proceso de cambio, en esta unidad se mostrarán ejemplos donde sí lo hicieron, observando qué oportunidades ofrece la inteligencia artificial en el mundo de los negocios.

Para ello, nos basaremos en el entorno del que se ha rodeado Stephanie: una fuente de inspiración, estímulo y motivación para perseguir y conseguir un gran propósito.

2. Oportunidades que ofrece la inteligencia artificial

 HILO CONDUCTOR

Pasados ya unos meses de la inauguración del centro médico, Stephanie está muy satisfecha con los primeros resultados. En un primer sondeo, los pacientes y sus familiares valoran enormemente la atención recibida, pero sobre todo destacan la tranquilidad que les proporciona saber que la dolencia que padecen está siendo tratada de manera única y exclusiva.

Muchos profesionales y empresas del sector sanitario, pero también de otros ámbitos, muestran interés por conocer cómo en esta clínica se ha apostado por aliar tecnología y datos. Llama la atención ver la impresionante rapidez con que contrastan diagnósticos, informes y datos de investigación que circulan por la red y cómo estos se aprovechan para realizar tratamientos personalizados.

Es posible que se pueda aún pensar que adoptar tecnología basada en inteligencia artificial solo es posible para algunos pocos negocios. Si tu objetivo no solo es estar al día del desarrollo tecnológico, sino que quieres emprender una actividad empresarial o acondicionarla a esta nueva era digital, es importante que mires a tu alrededor y observes cómo los demás afrontan este gran reto de supervivencia.

El punto de referencia para abordar esta transformación es mirar con atención cómo lo hacen las más importantes empresas.

Pero, ¿por qué las grandes compañías están obsesionadas con esta inteligencia no biológica?

Tal y como se está constatando a lo largo del tiempo, la tendencia por implementar en las empresas la inteligencia artificial va cada vez más en aumento. Basta con echar una mirada para comprobar que esta inteligencia genera productos y servicios que han sido adoptados con normalidad por millones de usuarios. Esto hace que las grandes empresas encuentren en la IA el elemento clave para seguir avanzando a pasos gigantescos.

¿Por qué no ha de afrontar igualmente este reto una pequeña o mediana empresa?

Alexa

(© Fotografía: Tyler Nottley / Shutterstock.com)

- Alexa es un dispositivo tecnológico que cuenta con capacidades de asistente inteligente. Sirve como ejemplo para ver cómo la tecnología participa en la rutina diaria de las personas.

 IMPORTANTE

La inteligencia artificial está alcanzando un altísimo nivel evolutivo y, además, se representa de maneras muy diversas que en ocasiones son invisibles. Las grandes compañías están aprovechando el recurso computacional y los inmensos volúmenes de datos para seguir avanzando. Esto hace que la tasa de innovación y de transformación se acelere, marcando más distancias con los pequeños y medianos negocios con procesos más tradicionales.

Como puedes imaginarte, el *backoffice* de cualquiera de las grandes multinacionales está energizado por la inteligencia artificial. Esta agudeza no natural transforma no solo los procesos internos de las compañías, sino también la industria y la rutina diaria de todas las personas.

¿Qué es aquello que está permitiendo que la inteligencia artificial incremente exponencialmente todo su potencial?

A continuación, conocerás un elemento clave que está ayudando a que el desarrollo de la IA no tenga límites: **el poder computacional,** sus características son:

⊃ **Transformación de datos:** las máquinas cada vez están más preparadas y cuentan con mayor capacidad para hacer un buen procesamiento y comprensión de los datos de manera autónoma y de forma independiente, ya que saben perfectamente entender los datos y aprender de ellos.

⊃ **Velocidad de transformación:** por otra parte, el poder computacional se ve más empoderado por su rápida capacidad de respuesta. Los datos son procesados y comprendidos, permitiendo un aprendizaje veloz y respuestas supersónicas.

El poder computacional proporciona proactivamente información de valor a las empresas a una enorme velocidad sin requerir la participación humana.

Conocer los pasos de estos gigantes empresariales y los recursos computacionales que manejan es aprovechable para enfocar ideas de negocio y transformaciones de empresas al alcance de todos.

 **RECUERDA**

No olvides que han ido surgiendo interesantes estrategias nacionales fundamentadas en la inteligencia artificial como ENIA, con un exigente plan de acción que apoya a las empresas.

PLAN DE ACCIÓN ENIA

EJE ESTRATÉGICO 1

Impulsar la investigación científica, el desarrollo tecnológico y la innovación en IA.

EJE ESTRATÉGICO 2

Promover el desarrollo de capacidades digitales, potenciar el talento nacional y atraer talento global en inteligencia artificial.

EJE ESTRATÉGICO 3

Desarrollar plataformas de datos e infraestructuras tecnológicas que den soporte a la IA.

EJE ESTRATÉGICO 4

Integrar la IA en las cadenas de valor para transformar el tejido económico.

Continúa en página siguiente >>

<< Viene de página anterior

EJE ESTRATÉGICO 5

Potenciar el uso de la IA en la Administración pública y en las misiones estratégicas nacionales.

EJE ESTRATÉGICO 6

Establecer un marco ético y normativo que refuerce la protección de los derechos individuales y colectivos, a efectos de garantizar la inclusión y el bienestar social.

A continuación, descubrirás un listado de emprendimientos que se han sustanciado en la inteligencia artificial, y cuya creatividad ha nacido en España.

No olvides, a la hora de analizar las diferentes iniciativas, que todas han utilizado el aprendizaje automático en las diferentes ramas que ya conoces.

2.1. Plataformas de *crowdsourcing*

Por si no lo sabías, **crowdsourcing** es un término que viene a definir una forma de colaboración abierta entre profesionales. Permite externalizar tareas que tradicionalmente son ejecutadas por personal contratado de una empresa, y que ahora se realizan a través de expertos independientes y autónomos que colaboran entre ellos para ofrecer un servicio integral al cliente.

Los clientes de las plataformas *crowdsourcing* pueden ser tanto empresas como usuarios finales.

Los **beneficios** de contar con los servicios de estos profesionales que integran estas plataformas son numerosos.

Seguidamente comprobarás algunos de ellos:

Acercamiento al cliente
- Estas plataformas saben perfectamente comunicarse con la audiencia. Esto hace que puedan conocer de primera mano qué interesa o cómo le gustaría que fuera un producto determinado. Son excelentes puntos de encuentro entre empresas y clientes.

Continúa en página siguiente >>

<< Viene de página anterior

Soluciones creativas a problemas o necesidades
- Se aportan soluciones creativas a través de convocatorias reduciendo los recursos de manera más eficiente (menor coste y menor tiempo). Una comunidad de profesionales tiene mucha más fuerza que la idea individual de un solo experto en la materia.

Eliminación de competitividad
- El trabajo colaborativo no da lugar a susceptibilidades asociadas a la competitividad de los profesionales.

Ahora que ya conoces en qué consiste el *crowdsourcing* y algunos de los beneficios que reporta externalizar servicios de profesionales, **¿qué ocurre cuando además estas plataformas *crowdsourcing* se nutren de la inteligencia artificial?**

Para tener respuesta a esta pregunta, conocerás el caso particular de la ***startup* española Berba.**

Berba es una plataforma española de *crowdsourcing* que ha sabido aprovechar con pericia las oportunidades que ofrece la inteligencia artificial para ofrecer unos servicios de traducción rápidos y de calidad.

La plataforma Berba cuenta con un equipo de profesionales traductores nativos ubicados en las 24 zonas horarias del planeta y que hacen posible el procesamiento de un gran volumen de proyectos en una fracción de segundo con la ayuda de la IA. (© Imagen: berba / berba.net)

NOTA

La plataforma Berba es un simple ejemplo de cómo implementar la IA llevando a cabo servicios de traducción de contenido especializado gracias a:

- Traductores nativos que han superado el test de calidad con conocimientos específicos en los distintos sectores (legal, comunicación social, campañas, traducciones web, etc.).
- Traducciones asistidas por **inteligencia artificial** y servicios de posedición.

El papel de la inteligencia artificial a la hora de proporcionar los servicios en Berba está siendo fundamental. Gracias a ella, se posibilita la gestión de profesionales nativos repartidos a lo largo y ancho de todo el mundo, quienes se encargarán de realizar las solicitudes de traducciones.

¿Qué valor añadido aporta la inteligencia artificial a esta gran comunidad de traductores nativos?

Enseguida vas a poder comprender el papel que desempeña la tecnología inteligente en los servicios de traducción:

- **Aporta eficiencia:** por un lado, la inteligencia artificial es capaz de detectar escritos que han sido repetidos en la documentación que hay que traducir, con el consiguiente ahorro de tiempo para la traducción.
- **Sirve de hilo conductor al trabajo realizado por varios expertos:** también hace posible que el texto pueda dividirse entre muchos traductores, indicándoles a todos los expertos que intervienen en la traducción pautas o palabras clave usadas por el resto de participantes con idea de no perder equilibrio en la gramática.
- **Es un verificador competencial:** la inteligencia artificial verificará los conocimientos, formación y experiencia del traductor y la contrastará con el perfil o currículum con el que se postula en la plataforma para realizar esos servicios de traducción.
- **Aporta mejora continua:** a la misma vez, la inteligencia artificial de esta plataforma será cada vez más "inteligente", puesto que aprenderá de los propios servicios realizados de traducción.
- **Ejerce influencia:** al convertirse en una inteligencia artificial más potente, ejercitará su influencia al propio profesional con interesantes sugerencias. *Gracias a la inteligencia artificial, encontramos al traductor que mejor encaja con tu proyecto en cuestión de minutos para que tu traducción esté lista lo más rápido posible (Berba, 2021).*

NOTA

Tal y como se expresa en un artículo de la revista *Emprendedores* referido a esta idea de negocio basada en inteligencia artificial, Berba surgió de la necesidad que detectó uno de sus fundadores, traductor de profesión, que sin conocimiento alguno de tecnologías, pero sí mucha sapiencia en el sector de la traducción, decidió aliarse con otros profesionales especializados en experiencias de usuarios. De esta colaboración nació Berba.

Como has visto, es increíble que la inteligencia artificial, en colaboración con el *Big Data*, sea capaz de aprender de los expertos traductores nativos llegando incluso a sugerir mejoras en los textos que hacen que esa red de traductores sea cada vez más eficiente, consiguiendo aumentar la calidad de los textos y disminuyendo los tiempos de entrega.

Seguro que después de conocer el cometido de Berba y su alianza con la tecnología inteligente ya no te sorprenderán titulares como este:

Imagen del artículo del ABC sobre inteligencia artificial y su capacidad para escribir con el mismo estilo literario del conocido escritor Arturo Pérez-Reverte (© Imagen: ABC / abc.es)

ACTIVIDAD COMPLEMENTARIA

1. Cada día surgen nuevas noticias donde la protagonista indiscutible es la inteligencia artificial. Dirígete a un buscador de internet y halla alguna noticia de gran impacto en la que se destaque que la inteligencia artificial, de manera autónoma, cuenta con cualidades que superan incluso a las humanas.

   Puedes realizar esta actividad pensando en tu profesión o en el sector empresarial al que pertenezcas o al que te quieras dedicar e indagar qué está tramando la inteligencia artificial.

2.2. Servicios jurídicos inteligentes

Otro interesante ejemplo de emprendimiento en el que se puede observar cómo la tecnología basada en inteligencia artificial está al servicio de las empresas es el caso de Emérita Legal.

Emérita Legal nace con la misión de promover el acceso universal a la información que es de interés público, con idea de ser utilizada en el ámbito de la justicia como fuente de información objetiva y totalmente independiente. (© Imagen: Emérita Legal / emerita.legal)

¿Qué hace de especial a Emérita Legal a diferencia de otras plataformas de servicios jurídicos?

Para empezar, al tratarse de una *startup* funciona como una organización humana que crea servicios y productos especialmente innovadores. La alta capacidad de transformación y la adaptabilidad son, sobre todo, las características que distinguen estos negocios de empresas que cuentan con unas mecánicas más lentas para desarrollar su actividad. Sin embargo, si se pone como ejemplo a Emérita Legal en este contexto de aprendizaje sobre inteligencia artificial, es porque, además de todo lo anterior, sus fundadores han encontrado un filón en la tecnología y mucho beneficio, ya que la inteligencia artificial les ha permitido destacar sobre su más dura competencia.

Enseguida podrás comprobar en qué se apoya la tecnología que utiliza Emérita Legal:

- **Inteligencia artificial:** se ayuda de la inteligencia artificial para predecir cómo puede evolucionar un caso. Esto ayuda enormemente en el procedimiento del abogado cuando lleva o acepta un caso, y también beneficia al cliente. Este podrá decidir mejor si ejercitar un derecho, basándose su decisión en otros importantes elementos, más allá del precio o coste que le supone ejercerlo.
  No hay que olvidar que los clientes que requieren servicios de un abogado lo único que pueden tener claro es el precio del servicio; la elección entre un servicio de abogacía u otro principalmente radica en la comparativa del precio del abogado, así como las referencias.
- ***Big Data:*** se ayuda de la gran ingesta de datos jurídicos y de información pública existente al alcance de todos, que por su complejidad resulta difícil gestionar con capacidades humanas. Es decir, el *Big Data* funcionaría como un gigante repositorio de información y datos al que recurrirá el algoritmo para hacer su predicción sobre un caso determinado.

3. Impacto de la inteligencia artificial en las empresas

 **HILO CONDUCTOR**

Stephanie acostumbra a rodearse de gente diversa de profesiones dispares. Le gusta aprender, pero también quiere ayudar a que su experiencia y conocimientos

Continúa en página siguiente >>

<< Viene de página anterior

adquiridos a lo largo del tiempo sirvan para que otros puedan nutrirse de ellos y aplicarlos a sus negocios. El único requisito para esta sinergia es que la misión, visión y valores de la actividad de estos profesionales y empresas tengan por objetivo aumentar la calidad de vida de las personas y, por supuesto, sirva para mejorar la sociedad a cambio de optimizar su productividad.

Es evidente que el impacto de la inteligencia artificial en las empresas proporciona grandes frutos que irán en aumento. Innovar favorece el aumento de la productividad, y en contra de lo que muchos puedan pensar quizá sea más caro tomar la decisión de no hacer una inversión en este tipo de tecnología.

A continuación comprobarás las razones que deben impulsar a los negocios y a las empresas a aliarse con la inteligencia artificial:

- **Mejora de la productividad:** un impacto directo, y quizá una de las grandes ventajas que tiene una empresa a la hora de implementar mecanismos de inteligencia artificial, es la mejora de su productividad. Esto es así porque cuando interviene la IA los recursos empleados para la actividad empresarial se utilizan de forma más eficiente, pudiendo el capital humano dedicarse a tareas que aporten más valor a la empresa y que son menos rutinarias. La otra gran ventaja viene de la mano de aquella tecnología asociada al *Big Data* capaz de procesar una gran cantidad de datos en cualquier tipo de formato. Esto permite definir interesantes estrategias al permitir tomar decisiones en tiempo real con un nivel de información más detallado, garantizando casi el éxito de cada acción.
- **Aumento de la calidad de vida de los empleados:** aunque en principio se pueda pensar que la inteligencia artificial viene para eliminar al humano, es cierto que al igual que ocurrió con revoluciones anteriores mejorará la calidad de vida de los trabajadores. La mano de obra humana que interviene en los sistemas productivos será sustituida por máquinas en aquellas tareas rutinarias que apenas aportan la estimulación necesaria al empleado para sacar el máximo potencial, más que el propio salario.
- **Mejora del conocimiento del cliente:** la inteligencia artificial, mediante *softwares* especializados, descubrirá deseos y necesidades de los clientes, proporcionando respuestas muy rápidas. Esto favorecerá la fidelización de los clientes por el grado de satisfacción.
- **Mejora del conocimiento del producto o servicio que se vende:** cuando se habla de datos, la inteligencia artificial es capaz de abordarlos desde fuera para dentro y de dentro para fuera, es decir, tan importante es conocer el mercado (oferta y demanda, tendencias, etc.) como

los clientes (deseos y necesidades). Conocer al dedillo las bondades de los bienes y servicios que se producen o se comercializan por parte de la IA y la visión estratégica que es capaz de dar permitirá convertir las ventajas de un producto en un beneficio proporcionando un trato personalizado a cada cliente.

◐ **Mayor impacto en el mercado laboral:** nacerán, como ya está ocurriendo, nuevas oportunidades en el mercado laboral. No obstante, es cierto que la mano de obra actual requerirá de formación para su actualización y así poder optar a los reclamos de este nuevo mercado laboral.

 **IMPORTANTE**

Aun con todas las ventajas que ofrece la inteligencia artificial y el aumento de su implementación, el ritmo y la velocidad de implantación en las empresas es mucho menor en proporción a todas las ventajas que depara.

Una de las compañías tecnológicas más conocidas mundialmente es la gran *Microsoft.* Como ya se explicó anteriormente, estas grandes compañías suelen dar pistas para que el resto de empresas puedan optar a seguir compitiendo en el mercado.

Microsoft establece tres importantes planos de la inteligencia artificial que serán importantes razones para no descartarla en cualquier ámbito organizativo.

Enseguida verás a qué se refiere *Microsoft:*

Razonamiento	- Para utilizarlo en programas y aplicaciones informáticas que permitan explotar y extraer de los datos información de valor.
Entendimiento	- Para utilizarlo en la comprensión de los datos, es decir, interpretar los datos para el reconocimiento facial mediante imágenes y otras aplicaciones que abren la puerta a infinidad de servicios en la nube.
Interacción	- Para mejorar la experiencia del usuario, creando nuevas fórmulas de interacción con la tecnología (a través del teclado, por voz, experiencias virtuales, etc.).

APLICACIÓN PRÁCTICA

Martín lleva algunos años trabajando en la empresa que él mismo creó. Se trata de un negocio de electricidad. Cuenta con varios empleados que dan asistencia a las demandas de sus clientes cuando van a comprar a la tienda y llevan además un exhaustivo control de las existencias. A este negocio suelen acudir también profesionales de la construcción para proveerse de suministros eléctricos y electrónicos.

Aunque su asesor le lleva un tiempo diciendo que ha llegado el momento de actualizar el negocio, Martín piensa que su empresa no corre riesgo de desaparición, por lo que no ve necesario hacer ninguna inversión que contemple la innovación de la tienda y mucho menos hacer un esfuerzo para implementar la inteligencia artificial, pues cree que no le afecta. Atendiendo a las circunstancias de su negocio, ¿podrías indicarle a Martín alguna razón importante que le ayude a comprender mucho mejor este necesario proceso de transformación?

Solución

Aunque Martín cree tener bajo control su negocio, es cierto que el uso de la inteligencia artificial en determinada área del negocio haría aumentar la productividad de la empresa. Por ejemplo:

- Dotar de tecnología al negocio capaz de procesar datos generados por este con independencia del formato.
- Contar con mecanismos para mantener dinámico el almacén, no acumulando materiales que dejan de ser necesarios y que ocupan mucho espacio y recursos humanos para su organización.
- Tomar mejores decisiones estratégicas, adelantándose a tendencias y mejorando así su capacidad competitiva.

La inteligencia artificial le hará vislumbrar a Martín una fuerza de trabajo "digital" que puede ser integrada con total normalidad con esa otra fuerza humana, agregando valor al negocio y posicionándolo en mejores lugares para seguir siendo competitivo.

4. Recursos basados en inteligencia artificial aplicables a la empresa

👉 HILO CONDUCTOR

Son muchas las herramientas y recursos basados en inteligencia artificial en los que se apoya el centro médico de Stephanie para poder ofrecer un servicio de calidad. Algunos piensan que se trata de una tecnología cara, sin embargo, y más allá de la maquinaria específica que requiere para diagnosticar y tratar, consiste en un tipo de artilugio invisible con un altísimo potencial. Ella insiste a sus colegas y amigos que hacer uso de la inteligencia artificial está al alcance de todos, basta con determinar el enfoque del problema y, si es necesario, apoyarse en un buen científico de datos para que aborde la complejidad de aquello que se pretende alcanzar.

La inteligencia artificial poco a poco está dejando de ser la ciencia ficción que hace algunos años se advertía en películas. Definitivamente, se ha convertido en una realidad que está revolucionando el mundo de los negocios, empresas, instituciones e incluso el propio mercado laboral.

Como se puede vislumbrar, es enorme la coctelera de recursos y tecnologías que aplican esta inteligencia no biológica, por lo que el utilizar una u otra herramienta en cualquier ámbito organizativo dependerá en términos generales del enfoque y el problema al que se deberá enfrentar el algoritmo de la inteligencia artificial.

Con independencia del campo de aplicación de la inteligencia artificial, esta es determinante en la optimización de la gestión de recursos materiales, intelectivos y humanos de una organización.

IMPORTANTE

Es importante concebir a la inteligencia artificial como una tecnología capaz de aportar múltiples beneficios sin trucos ni magias, por lo que el éxito de su implementación en una organización o en un negocio dependerá en gran medida del interés previo por conocerla y entenderla.

4.1. Ejemplos de recursos tecnológicos de inteligencia artificial

Debido a la importancia que el *marketing* **digital** tiene en el mundo de las empresas, en este apartado conocerás algunos recursos con inteligencia artificial que pueden ser útiles para que una empresa o negocio sea capaz de entender y comprender lo que en el mercado digital se cuece.

 **DEFINICIÓN**

Marketing digital
Conjunto de acciones o estrategias comerciales para publicitar y comercializar productos y servicios aprovechando el contexto digital, sabiendo comunicarse con la audiencia y comprendiendo las necesidades y tendencias del mercado.

La idea es que puedas fácilmente identificar, conocer y acceder a distintos recursos *softwares* de inteligencia artificial. Para ello, a continuación conocerás algunos ejemplos de estas útiles herramientas aplicables en el ámbito del *marketing* digital:

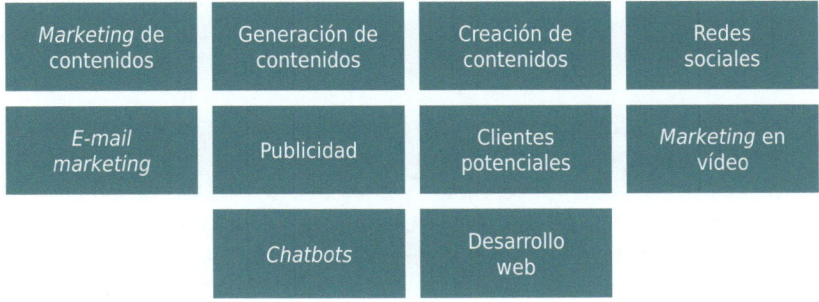

Marketing de contenidos	Generación de contenidos	Creación de contenidos	Redes sociales
E-mail marketing	Publicidad	Clientes potenciales	*Marketing* en vídeo
	Chatbots	Desarrollo web	

Marketing de contenidos

El *marketing* **de contenidos** es un territorio en el que la inteligencia artificial ofrece grandes oportunidades para no aventurarse con ella.

¿Qué beneficios otorga la IA en este campo?

Seguidamente verás cuánto esfuerzo requiere un buen *marketing* de contenidos e intuirás qué beneficios puede otorgar el uso de la inteligencia artificial:

- **Innovación:** los contenidos con gran componente de innovación son bienvenidos por el público y por los algoritmos de *Google*. Sin embargo, ello requiere mucha dedicación y la mano de profesionales expertos.
- **Procesos ágiles:** es vital conocer a la audiencia sus intereses y sus formas de comunicarse. Es muy importante anticiparse a las tendencias, siempre que se pretenda que los contenidos sean atractivos y atrayentes. Requiere de agilidad en tiempos y respuestas.
- **Optimización de resultados:** lanzar contenidos y no evaluar la repercusión supone desperdiciar el esfuerzo destinado a cada acción. El *marketing* de contenidos requiere una continua dedicación para aprovechar los buenos resultados y avanzar.

 **DEFINICIÓN**

Marketing de contenidos

Estrategia que se vale de la publicación de contenidos generados de gran valor para el usuario, que involucra al público objetivo atrayendo a clientes potenciales hacia la marca. Sus objetivos son: atraer, convertir, vender y encandilar al público de forma sutil sin utilizar fórmulas agresivas.

Provocar al público objetivo con contenidos impactantes de valor que inciten a la interacción implica un importante esfuerzo y mucho tiempo de dedicación. Por este motivo, nacen soluciones como *Uberflib*. Se trata de una **plataforma de *marketing* de contenidos basada en inteligencia artificial,** que es capaz de personalizar con agudeza los contenidos prediciendo cómo deben ser estos para despertar la atención a ese público objetivo.

A continuación vas a comprobar cómo de interesante es esta plataforma:

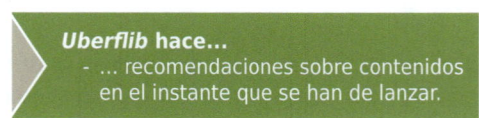

Uberflib hace...
- ... recomendaciones sobre contenidos en el instante que se han de lanzar.

Continúa en página siguiente >>

<< *Viene de página anterior*

> ***Uberflib* hace...**
> - ... recomendaciones sobre el tipo de formato específico de contenidos que se ha de utilizar en ese instante.

> ***Uberflib* indica...**
> - ... recomendaciones sobre el tipo de formato específico de contenidos que se ha de utilizar en ese instante.

Generación de contenidos

No es sencillo ni económico para un negocio generar continuamente contenidos que aporten un valor real a clientes y al público objetivo en general. Sin embargo, para facilitar esta labor, existen algoritmos inteligentes capaces de encargarse de estas arduas tareas.

La inteligencia artificial puede emplearse con total precisión y elegancia en las labores de creación de contenidos, pudiéndose clasificar como únicos. ***Articoolo*** es un buen ejemplo de ello:

- ⮞ **Inserta el título:** basta con incluir el título del contenido que encabezará el artículo.
- ⮞ **Siéntate y relájate mientras la magia funciona:** la inteligencia artificial será capaz de comprender la temática y el contexto a través del título. Con ello localizará los recursos más óptimos en una infinita base de datos, para después generar contenidos coherentes con alto nivel de profundidad y un buen sentimiento humano, aportando calidad y emoción al texto.
- ⮞ **Tu contenido está listo:** una vez creado el contenido, este se mostrará en la bandeja de salida estando listo para publicar en un blog o en alguna red social.

Creación de contenidos

Otro tipo de recurso disponible que utiliza inteligencia artificial y que facilita el ahorro de tiempo a profesionales del *marketing* digital es ***Concured***.

Tal y como se anuncia en el propio sitio web de esta interesante herramienta, se trata de una plataforma de contenidos que se ve impulsada por la inteligencia artificial.

El valor de esta plataforma se lo otorgan los mismos expertos en *marketing* de contenidos. Ellos ven reducido el tiempo que emplean en averiguar qué es aquello sobre lo que deben escribir para ganar mayor audiencia.

Enseguida vas a ahondar en el papel de la inteligencia artificial en esta plataforma:

- **Predice aquello que originará mayor *engagement*:** apunta a aquellas temáticas que generarán más interacción facilitando la labor de incrementar la audiencia.
- **Detecta qué contenidos serán viralizados:** informa sobre aquellos contenidos publicados en internet que van a ser virales, permitiendo agudizar el ingenio para destacar sobre otros contenidos de la competencia. Proporciona experiencias basadas en intereses reales.

Redes sociales

Como sabes, la comunicación en el *marketing* digital no tiene por qué ser a través de un contenido escrito. No solo es posible, sino deseable, crear contenidos visuales que complementen o protagonicen temáticas haciéndolas más fáciles de consumir por los usuarios, especialmente a través de las redes sociales. Este diálogo se suele acompañar de **links** y **etiquetas** o **hashtags** que ayudan a que el contendido publicitado genere más interacción y sea visto, leído e interactuado por una mayor audiencia.

En este sentido, la inteligencia artificial de nuevo tiene un papel fundamental, ya que existen recursos capaces de automatizar datos para facilitar la creación y gestión de contenidos relevantes para la audiencia.

Como ejemplo, se ha de nombrar una peculiar herramienta multiplataforma denominada ***Dalet Media Cortex.*** En ella se integran muy diversos servicios, pero su objetivo fundamental es facilitar los flujos de trabajo.

 **EJEMPLO**

Imagina que eres el responsable de gestionar una comunidad virtual especializada en noticias de última hora. Entre tus responsabilidades está la de proporcionar nuevos contenidos a la audiencia que generen gran interés.

Continúa en página siguiente >>

<< Viene de página anterior

Decides utilizar una multiplataforma a través de la cual podrás ser más productivo gracias a la inteligencia artificial, ya que esta te facilitará recomendaciones contextuales noticiables, ayudándote además a planificar todas las tareas de producción que todo ello conlleva.

Con la ayuda de la IA conseguirás:

- Generar flujos de trabajo basados en noticias.
- Obtener enlaces de editoriales.
- Producir y distribuir con mayor rapidez contenidos relevantes.
- Llegar a más público en menos tiempo, gracias a un sistema de etiquetado de contenidos.
- Ampliar tu mercado.

Para que no te queden dudas de lo que puede auxiliar la inteligencia artificial, a continuación podrás visualizar cómo funciona la plataforma ***Dalet Media Cortex,*** en un contexto de producción de contenidos para una compañía de prensa.

 **VÍDEO**

Aunque el audio de este vídeo es en inglés, es interesante poder visualizar cómo funciona una multiplataforma con inteligencia artificial. Con ello descubrirás cómo los noticieros producen contenidos. No olvides que puedes activar los subtítulos para que estos aparezcan en español.

https://redirectoronline.com/ifct163po0507

ACTIVIDAD COMPLEMENTARIA

2. Además de los recursos hasta ahora vistos, es cierto que la inteligencia artificial puede colaborar en el ámbito de los negocios y del *marketing* de diferentes formas, pero siempre aportando un gran valor añadido.

¿Podrías buscar alguna solución comercial que sirva para hacer *marketing* en vídeos asistidos por inteligencia artificial? Busca en internet algún recurso y cuenta aquello que destaca en él.

4.2. Recursos humanos: profesionales de la inteligencia artificial

Los científicos de datos *(**Data Scientist**)*, los programadores *(**Full Stack Developer**)*, los analistas de datos *(**Data Analytics**)* o los expertos en metodologías ágiles son algunos de los perfiles profesionales vitales para que las empresas puedan desplegar su potencial con la ayuda de la inteligencia artificial.

Estas nuevas profesiones representan ya un activo fundamental a la hora de abordar el proceso de transformación, desarrollo e innovación de los negocios.

 IMPORTANTE

Las empresas han de saber que, por una parte, están los profesionales que conforman la tribu encargada de construir la inteligencia artificial, y por otra se hallan los perfiles facultados para armar esos equipos multidisciplinares, capaces de liderar la implementación de la inteligencia artificial en los negocios, como es el caso del *Project Manager*.

Para integrar el *Big Data* y la inteligencia artificial en las empresas, se ha de contar con profesionales especializados. No hay que olvidar que innovar implica transformar procesos, pero también modificar métodos de trabajo en los que suelen participar nuevos expertos.

En ocasiones, y por la complejidad que conlleva algunos proyectos, se hace necesario contratar especialistas que sepan manejar nuevos instrumentos para construir e implementar la inteligencia artificial.

En este sentido, cualquier negocio que esté en búsqueda de estos profesionales debe saber de antemano cuáles son los cometidos de cada especialización.

A continuación, vas a conocer los diferentes perfiles más técnicos que forman parte de esta interesante tribu multidisciplinar:

Analista de datos
- Es el encargado de preprocesar el diamante en bruto (datos) en conocimiento de valor.

Científico de datos
- Con una labor más compleja que el analista de datos, son aquellos profesionales capaces de hacer un adecuado tratamiento de los datos a fin de generar modelos algorítmicos.

Etiquetador de datos
- Le corresponde llevar a cabo las tareas operacionales básicas asociadas a la tecnología inteligente.

Experto en *hardware*
- Gracias al experto en hardware es posible que la tecnología inteligente cuente con el sustento físico adecuado para desarrollar todo tipo de procesos relacionados con el tratamiento de los datos.

Experto en aprendizaje automático
- Especializado en ingeniería, aporta sus conocimientos sobre algoritmos y manejo de programas para poder construir modelos de *Machine Learning* en todas sus disciplinas.

Analista de datos

Este profesional tendrá que aplicar su sapiencia para conseguir varios objetivos.

Seguidamente vas a comprobar que cada paso que da el analista de datos lo lleva a un nivel superior. No obstante, pueden ser dos los ámbitos en los que trabaja este profesional:

- En el contexto de la **ingeniería de datos.**
- En el contexto de la **ciencia de datos computacional.**

Comenzarás viendo la labor del analista desde el punto de vista de la ingeniería:

- **Adquisición:** incluye labores de:

  - **Identificación del conjunto de datos.** Los datos se encuentran en fuentes muy diversas, desde un sitio web a un artículo de investigación o incluso en las redes sociales.
  - **Obtención de datos.** Aplicación de técnicas para recuperar datos objeto de análisis y procesamiento.
  - **Consulta de datos.** Creación de una estructura de datos para su consulta.

- **Preparación:** incluye labores de:

  - **Exploración de los datos.** Donde el analista tendrá que aplicar técnicas para que los datos sean comprendidos por medio de una analítica preliminar.
  - **Preprocesamiento de los datos.** Eliminación de incoherencias, duplicidades y errores encontrados en el conjunto de datos.

Visto el cometido del analista de datos dentro del contexto de la ingeniería de datos, seguidamente verás las tareas que desarrollaría el analista desde la perspectiva de la ciencia de datos computacional:

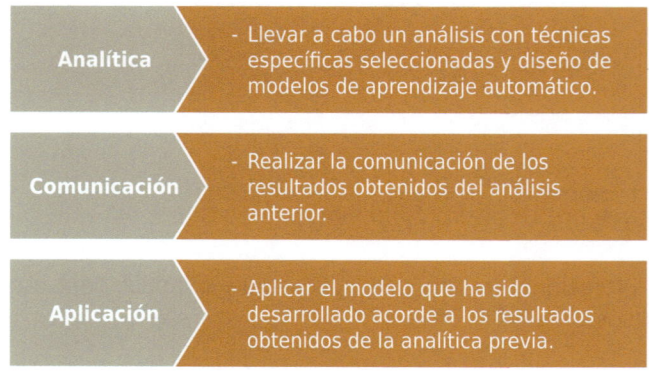

Analítica	- Llevar a cabo un análisis con técnicas específicas seleccionadas y diseño de modelos de aprendizaje automático.
Comunicación	- Realizar la comunicación de los resultados obtenidos del análisis anterior.
Aplicación	- Aplicar el modelo que ha sido desarrollado acorde a los resultados obtenidos de la analítica previa.

Científico de datos

Estas son las tres principales actividades del **científico de datos:**

⊃ **Analítica descriptiva:** con este tipo de analítica se extraen las conclusiones para comprender la realidad del medio sometido a análisis. Esto significa que proporciona respuestas a cuestiones como:

- ᴜ ¿Quién es mi público objetivo?
- ᴜ ¿Qué caracteriza a mi público objetivo?
- ᴜ ¿Qué comportamiento tiene mi público objetivo según mi solución comercial?

⊃ **Analítica predictiva:** con este tipo de analítica se pretende descubrir la dirección hacia la que evoluciona el negocio o la empresa a fin de determinar qué acciones van a causar un impacto mayor a un coste más reducido.

- ᴜ ¿Qué caracteriza a esos clientes que aportan más valor a mi negocio y que son más difíciles de perder?
- ᴜ ¿Qué acciones publicitarias he de llevar a cabo para mejorar la rentabilidad?

⊃ **Analítica prescriptiva:** con este tipo de analítica se pretende unificar tanto la analítica descriptiva como la predictiva. Ello conducirá a la ejecución de acciones que nacen de estos análisis. El experto interviene en la toma de decisiones, creando una acción o identificando un proceso partiendo de los resultados de las analíticas. La idea es la anticipación de unos buenos resultados:

- ᴜ Determinar y configurar ofertas para cada tipo de cliente, en el canal de comunicación más favorable y en el instante más preciso para que la acción impacte con más fuerza.

NOTA

Entre algunas de las profesiones vistas, existe una fina línea que apenas distingue unas especializaciones de otras. Es interesante observar cómo perfiles de expertos más relacionados con el Big Data desarrollan funciones que se ajustan a expertos en inteligencia artificial. Esto sucede por el gran nivel de especialización que cada vez es más profundo.

 **TAREA 1**

Marta lidera una empresa de construcción. Cada año dirige importantes proyectos, pero lleva un tiempo valorando de qué manera mejorar la productividad de la empresa, pues este sector tiene una alta competencia.

Con todo el conocimiento que Marta tiene del sector de la construcción, y sobre todo de aquellos elementos detectados en su empresa que dificultan el camino hacia la eficiencia, quiere encontrar algún recurso aliado o capital humano que le ofrezca una solución al siguiente problema:

Marta observa que gran parte del tiempo en la ejecución de un proyecto de construcción es para las actividades de supervisión que se encargan de comprobar la evolución del proyecto real con respecto a la idea de proyecto que fue planificado.

Tras indagar mucho en el mercado para encontrar una solución capaz de ahorrar tiempo en la ejecución de los proyectos, Marta recibe una propuesta fundamentada en la inteligencia artificial y el *Big Data.* Se trata de una tecnología capaz de llevar a cabo una supervisión automatizada y autónoma que proporciona una comparativa entre el proyecto real y el ideado.

Sobre esto, identifica las oportunidades a las que la empresa de Marta podrá optar, implementando en su empresa la inteligencia artificial y el *Big Data,* conociendo los beneficios que todo ello le reportará.

---

5. Resumen

La **alianza** entre la **inteligencia artificial** y el *Big Data* representa una fuente de **oportunidades** para los negocios. Unos negocios y unas empresas que deberán afrontar cambios de manera imperativa si no quieren naufragar en el **nuevo paradigma empresarial** aliado con la nueva tecnología.

Para ello, se ha de contar con:

- Conocimientos
- Recursos y herramientas
- Alianza con profesionales expertos

Muchas **startups** están siendo excelentes fuentes de **inspiración** para empresas tradicionales que no saben qué les puede aportar el esfuerzo de implementar la inteligencia artificial.

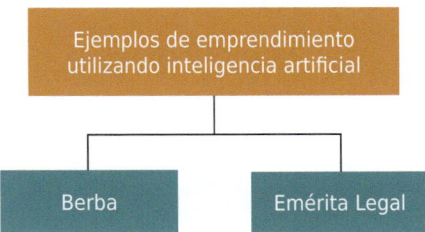

Pero también es muy importante conocer a qué expertos acudir del mundo de la inteligencia artificial y de los datos, para que contribuyan con sus conocimientos en la ejecución de ideas o integración de fórmulas para que las empresas puedan despegar en esta nueva era tan dinámica y compleja.

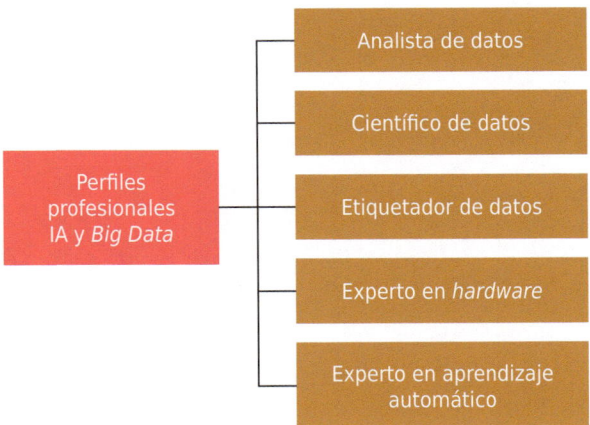

Ejercicios de autoevaluación
Unidad de Aprendizaje 1

1. Indica si las siguientes afirmaciones son verdaderas o falsas:

    a. La ciudadanía acepta con normalidad los cambios que traen las tecnologías.

        ■ **Verdadero**
        ■ Falso

    b. A día de hoy, muchos negocios siguen sin ver las oportunidades que vienen de la mano de las nuevas tecnologías.

        ■ **Verdadero**
        ■ Falso

    c. La tecnología basada en inteligencia artificial es exclusiva de grandes empresas y compañías.

        ■ Verdadero
        ■ **Falso**

2. ¿Qué aspecto facilita que la inteligencia artificial incremente exponencialmente su potencial?

    a. La capacidad de las máquinas para transformar datos en conocimiento.
    b. La velocidad con la que se puede procesar una gran ingesta de datos.
    c. **La capacidad de las máquinas para transformar datos en conocimiento y la velocidad con la que se puede procesar una gran ingesta de datos.**
    d. Todas las opciones son incorrectas.

3. ¿En qué medida se valora el impacto positivo de la inteligencia artificial en las empresas?

    a. Mejora de la productividad.
    b. Aumento de la calidad de vida de los empleados.
    c. Mejora del conocimiento del cliente.
    d. **Todas las opciones son correctas.**

4. Con todas las ventajas que ofrece para las empresas la inteligencia artificial...

    a. ... el ritmo y velocidad de implantación es excesivamente lento.

    b. ... el ritmo y velocidad de implantación es excesivamente rápido.

    c. **... el ritmo y velocidad de implantación es mucho menor en proporción a todas las ventajas que depara.**

    d. ... el ritmo y velocidad de implantación es mucho mayor en proporción a las ventajas que depara.

5. Según *Microsoft*, ¿qué tres importantes planos de la inteligencia artificial serán importantes razones para no descartarla en cualquier ámbito organizativo?

    a. **El razonamiento, el entendimiento y la interacción.**

    b. El razonamiento, la lógica y la interacción.

    c. El razonamiento, las herramientas y la interacción.

    d. El razonamiento, el entendimiento y la investigación.

6. La aceptación definitiva de la inteligencia artificial por parte de los pequeños negocios vendrá de la mano de...

    a. ... subvenciones que faciliten la compra de tecnología.

    b. **... la desmitificación de entenderla como algo complejo al alcance de algunos pocos.**

    c. ... la aparición de nuevas profesiones y cambios en el mercado laboral.

    d. Todas las opciones son incorrectas.

7. ¿Qué profesional es el encargado de llevar a cabo las tareas operacionales básicas asociadas a la tecnología inteligente?

    a. Experto en aprendizaje automático.

    b. Experto en *hardware*.

    c. Científico de datos.

    d. **Etiquetador de datos.**

8. **En relación a la implementación de la inteligencia artificial en una empresa, ¿qué función tiene el experto en *hardware*?**

   a. **Posibilitar que la tecnología inteligente cuente con el sustento físico adecuado para desarrollar todo tipo de procesos relacionados con el tratamiento de los datos.**

   b. Aportar sus conocimientos sobre algoritmos y manejo de programas informáticos para poder construir modelos de *Machine Learning* en todas sus disciplinas.

   c. Transformar los datos en conocimiento.

   d. Llevar a cabo labores de analítica de datos.

9. **Desde la perspectiva de la ingeniería de datos, ¿qué labores de adquisición realiza un analista de datos?**

   a. **Identificación, obtención y consulta de datos.**

   b. Exploración y preprocesamiento de datos.

   c. Analítica, comunicación y aplicación.

   d. Todas las opciones son incorrectas.

10. **¿Qué tipo de analítica de datos da respuesta al tipo de público objetivo de una empresa?**

    a. **Analítica descriptiva.**

    b. Analítica predictiva.

    c. Analítica prescriptiva.

    d. Analítica gráfica.

Glosario

A/B *testing*
Procedimiento estadístico por el cual se hace una comparativa entre técnicas de medición.

Accuracy (exactitud)
División de predicciones bien realizadas en un modelo de clasificación. Para la clasificación de clases múltiples, la exactitud es:

➲ Exactitud = Predicciones correctas / N.º total de ejemplos

Y para la clasificación binaria:

➲ Exactitud = (Verdaderos positivos + Verdaderos negativos) / N.º total de ejemplos

Activation function (función de activación)
Función que añade la suma ponderada de todas las entradas de la capa anterior generando un valor de resultado pasando a la capa siguiente.

Algoritmo
Conjunto ordenado de operaciones metódicas que permite calcular y hallar la respuesta como solución a un problema.

Aprendizaje
Sinónimo de entrenamiento.

AUC
Métrica de evaluación que tiene en cuenta todos los umbrales de clasificación posibles.

Autónomo
Dispositivo basado en inteligencia artificial que no requiere de la ayuda humana para realizar tareas.

Backpropagation (propagación inversa)
Modelo simple de referencia que sirve como punto de partida para hacer una comparativa sobre la eficacia del cometido de un modelo.

Batch size (tamaño lote)
Número de ejemplos que hay en un lote de entrenamiento.

Binary classification (clasificación binaria)
Tipo de tarea predictiva que ofrece como resultado una única alternativa.

Binning (discretización)
Consulta de agrupamiento.

Bucketing (agrupamiento)
Conversión de un atributo en un rango de valores.

Calibration layer (capa de calibración)
Procedimiento posterior a la tarea predictiva que indica el margen de predicción.

Categorical data (datos categóricos)
Atributos que cuentan con un conjunto discreto de posibles valores.

Centroid (centroide)
Resultado del cálculo del centro de un clúster por el algoritmo *k-medias*.

Checkpoint (punto de control)
Datos que capturan el estado de las variables de un modelo en un momento en particular. Facilita la exportación de pesos del modelo, permite llevar a cabo el entrenamiento en varias sesiones y admite que el entrenamiento prosiga después de los errores.

Científicos de datos
Profesionales expertos en datos que aplican técnicas de minería de datos y construyen y entrenan modelos de aprendizaje automático.

Class (clases)
Conjunto de valores o instancias que poseen la misma identidad. Segmentación por etiqueta. Por ejemplo:

- En modelos de clasificación binaria, detecta si se trata de un gato o un perro.
- En modelos de clasificación de clases múltiples, detecta distintas razas de perros: pastor alemán, cocker, etc.

Classification model (modelo de clasificación)
Modelo específico de aprendizaje automático que hace distinciones entre clases discretas. Por ejemplo, un modelo de clasificación de procesamiento de lenguaje natural determinará el idioma con el que el usuario se comunica.

Classification threshold (umbral de clasificación)
Es un criterio de valor que se usa para ordenar resultados de regresión logística a la clasificación binaria.

Clustering (agrupamiento en clústeres)
Agrupamiento de ejemplos relacionados asociados al aprendizaje no supervisado.

Clustering
Agrupación de instancias con características similares en grupos.

Collaborative filtering (filtrado colaborativo)
Tarea predictiva del algoritmo normalmente para crear sistemas de recomendaciones, en el que se hace una aproximación de los intereses de un consumidor en función a los intereses de otros muchos consumidores.

Confusion matrix (matriz de confusión)
Gráfica que resume el nivel de éxito obtenido en sus predicciones por un modelo de clasificación.

Continuous feature (atributo continuo)
Atributo que tiene un rango de valores infinitos.

Convergence (convergencia)
Hace referencia al estado alcanzado en un momento dado del entrenamiento del modelo en el que un entrenamiento extra no mejora los resultados.

Convolution (convolución)
Es una mezcla de dos funciones que mide el área de superposición entre ellas. En *Machine Learning* se utiliza para nombrar una operativa convolucional, es decir, el algoritmo tendrá que aprender el peso de forma separada para cada celda, lo que supondría el uso de mayores recursos. Esto supondría más memoria para el entrenamiento.

Cost (costo)
Equivalente de pérdida.

Cross entropy (entropía cruzada)

Representa una generalidad de pérdida logística para problemas de clasificación de clases múltiples. Permite cuantificar la diferencia entre dos grupos de probabilidad.

CSV (Comma-Separated-Value)

Archivo de texto en formato abierto que permite que los datos puedan ser clasificados y separados en columnas, comas y filas.

Data Analysis (análisis de datos)

Proceso por el cual se obtiene una comprensión de los datos mediante la atención de muestras, visualizaciones y mediciones. Es útil principalmente cuando se reciben por primera vez un conjunto o varios conjuntos de datos, antes de construir el primer modelo o algoritmo.

Datasets (conjuntos de datos)

Son bases de datos de diferentes índoles que, al aplicarse con tecnología *Big Data,* permiten su interpretación aun pudiendo ser estas muy voluminosas. De otra forma existirían grandes dificultades para interpretar este gran volumen de datos por sistemas de información estándar. Son colecciones de datos que se utilizan para entrenamientos prácticos de modelos.

Decision boundary (límite de decisión)

Se trata de un separador que divide clases. Es aprendido por el modelo frente a problemas de clasificación de clases múltiples o de clase binaria.

Deep model (modelo profundo)

Red neuronal que acoge a varias capas ocultas.

Dense feature (atributo denso)

Cualquier atributo en el que se encuentra una mayoría de valores que son distintos a cero.

Dense layer (capa densa)

Término equivalente a capa totalmente conectada.

Discrete feature (atributo discreto)

Atributo que contiene un conjunto finito de valores posibles.

Dropout regularization (regularización de retirados)

Método de regularización utilizado en el entrenamiento de redes neuronales.

Dynamic Model (modelo dinámico)

Modelo que se entrena en línea con actualizaciones continuas. Esto significa que constantemente ingresan datos al modelo.

Early Stopping (interrupción anticipada)

Metodología de regularización que obliga la finalización del entrenamiento del modelo antes de que el desgaste de entrenamiento deje de reducirse. Cuando ocurre la interrupción anticipada, el entrenamiento cesa en el momento en el que empeora el rendimiento de la generalización.

Embeddings (incorporaciones)

Atributo de categoría que representa un valor continuo.

Ensemble (ensamble)

Ensamblaje de las predicciones realizadas por varios modelos. Los modelos de aprendizaje profundo son un ejemplo de ensamblaje.

Epoch (repeticiones)

Proceso de entrenamiento global que hace un recorrido por todo el conjunto de datos, con idea de que sean observados una vez. Las repeticiones representan un número determinado de iteraciones.

ERM, Empirical Risk Minimization (minimización del riesgo empírico)

Activación de una función en la que el modelo minimizará la pérdida en el conjunto de entrenamiento.

Error cuadrático medio (MSE)

Criterio de evaluación para el cálculo de errores existentes entre dos conjuntos de datos.

Error medio absoluto (MAE)

Fórmula que proporciona la medida básica del error de pronóstico.

Example (ejemplo)

Fila de un conjunto de datos que contiene uno o más atributos y en ocasiones etiquetas.

Feature Engineering (ingeniería de atributos)

Procedimiento por el cual se determina cuáles serán los atributos más útiles para el entrenamiento de un modelo.

Features (características, atributo)

Corresponden a las variables de entrada que se utilizan para realizar predicciones.

Few-shot Learning (aprendizaje en pocos intentos)

Posición que adopta el aprendizaje automático para clasificar objetos. Se utiliza para aprender clasificadores ciertos con un pequeño número de conjunto de datos de entrenamiento.

FN, false negative (falso negativo)
Conjunto de datos en el que el modelo predijo de manera incorrecta la clase negativa.

FP, false positive (falso positivo)
Conjunto de datos en el que el modelo predijo de manera incorrecta la clase positiva.

Fully connected layer (capa completamente conectada)
Corresponde a la denominada "capa oculta", en la que los nodos correspondientes están conectados a otros nodos de la capa oculta sucesiva. Cuando la capa está completamente conectada también recibe el nombre de "capa densa".

Generalization (generalización)
Hace referencia a la capacidad del modelo de realizar predicciones certeras con datos que nunca fueron vistos.

Generalized Linear Model (modelo lineal generalizado)
Son modelos lineales que cuentan con propiedades específicas para la predicción, además no pueden aprender de nuevos atributos. Hacen la predicción del promedio del modelo óptimo de regresión de mínimos cuadrados que es igual a la etiqueta promedio de los datos de entrenamiento. Además, calculan la probabilidad promedio predicha por el modelo óptimo de regresión de mínimos cuadrados que es igual a la etiqueta promedio de los datos de entrenamiento.

Gradient Descent (descenso de gradientes)
Técnica que se utiliza para minimizar la pérdida de gradientes de forma iterativa con respecto a los parámetros del algoritmo, condicionados con los datos de entrenamiento.

Heuristic (heurística)
Define a aquella respuesta práctica pero no óptima a un problema, que al menos es suficiente para seguir progresando y aprendiendo.

Hidden layer (capa oculta)
Capa sintética en una red neuronal entre los atributos (capa de entrada) y la predicción (capa de salida). Las redes neuronales pueden contener una o muchas capas ocultas.

Hyperparameter (hiperparámetro)
Son las llamadas tasa de aprendizaje.

Hyperplane (hiperplano)
Marcación que hace una separación de un espacio en dos subespacios.

Inference (inferencia)
Se utiliza este término para hacer referencia al proceso predictivo con la aplicación del modelo entrenado a un conjunto de datos sin etiqueta.

Instance (instancia)
Término equivalente a un conjunto de datos o ejemplo.

Iteration (iteración)
Proceso repetitivo que se realiza para actualizar de una sola vez los pesos de un modelo durante su entrenamiento.

K-means (k-medios)
Es el algoritmo de agrupamiento más conocido y sirve para agrupar conjuntos de datos sin supervisión.

KSVM, Kernel Support Vector Machines (máquinas de vectores soporte de Kernel)
Es un algoritmo de clasificación cuyo objetivo consiste en la maximización de márgenes entre clases positivas y negativas a través de vectores.

Label (etiqueta)
Corresponde a la respuesta de un conjunto de datos.

Lambda
Término equivalente a tasa de regularización.

Layer (capa)
Define al conjunto de neuronas que forman parte de una red neuronal artificial que sentencian a los atributos de entrada o respuestas de esas neuronas.

Learning rate (tasa de aprendizaje)
Sirve para seguir escalando el entrenamiento, y con cada iteración, el algoritmo por medio del descenso de gradientes.

Least Squares Regression (regresión de mínimos cuadrados)
Es un modelo de regresión lineal sometido al entrenamiento por medio de la minimización de la pérdida L2.

Linear Regression (regresión lineal)
Es un modelo de regresión que ofrece una respuesta con un valor continuo partiendo de una combinación lineal de atributos de entrada.

Log loss (pérdida logística)

Corresponde a un atributo de pérdida que se utiliza en la regresión logística binaria.

Logistic Regression (regresión logística)

Es un modelo que genera una probabilidad aplicando una función sigmoide a una predicción lineal para cada valor de etiqueta discreto ante posibles problemas de clasificación.

Loss (pérdida)

Corresponde al cálculo de la distancia entre las predicciones de un algoritmo y su etiqueta.

Método cartesiano

Técnica propuesta por Descartes que engloba cuatro reglas y cuyo objetivo trata de evitar el error y permitir la deducción de aquello que ya es conocido.

Metric (métrica)

Corresponde a un número relevante que los sistemas tratan de mejorar como un objetivo.

Métrica de puntuación F1

Métrica de rendimiento de un modelo que evalúa los algoritmos de clasificación en función de la precisión y la sensibilidad de los resultados.

Mini Batch Stochastic Gradient Descent SGD (descenso de gradientes estocástico SGD de minilote)

Se trata de un algoritmo de descenso de gradientes que se utiliza en los minilotes.

Mini batch

Corresponde a un pequeño conjuntos de datos seleccionados arbitrariamente entre todo un lote de conjuntos de datos y dentro de una única iteración.

Model (modelo)

Término que representa un estándar de lo que un sistema de aprendizaje automático aprendió de los datos con los que ha sido entrenado.

Model Training (entrenamiento de modelos)

Procedimiento por el cual se acuerda cuál es el mejor modelo.

Multiclass classification (clasificación de clases múltiples)

Son problemas de clasificación para distinguir más de dos clases.

Neural Network (red neuronal)
Modelo de varias capas (alguna de ellas ocultas) que copia el funcionamiento del cerebro humano.

Neurona biológica
Es la principal célula del sistema nervioso que tiene como objetivo responder a estímulos mediante impulsos eléctricos. Las neuronas dan respuestas a las incitaciones advertidas generando una señal eléctrica dirigida a otra compañera neurona.

Node (nodo)
Concepto que describe una neurona en una capa oculta o bien una operación dentro de un flujo de trabajo.

Normalization (normalización)
Procedimiento por el cual se convierte en un estándar de valores un rango real de valores.

Numpy
Biblioteca matemática de código abierto que proporciona operaciones entre matrices eficaces en *Python. Pandas* se basa en *Numpy.*

Objective (objetivo)
Corresponde a la métrica que el algoritmo que se entrena debe mejorar.

Output layer
Corresponde a la capa final o capa de salida de la red neuronal que contiene la respuesta.

Overfitting (sobreajuste)
Término que hace referencia a la construcción de un modelo coincidente a otro pero que le resulta imposible realizar predicciones correctas con datos nuevos.

Parameter (parámetro)
Corresponde a la variable de un algoritmo en el que un sistema inteligente de aprendizaje automático se entrena por sí solo a través de las iteraciones.

Partial Dependece Plot
Técnica que permite observar el efecto de una o hasta dos características y la relación existente entre la variable de salida investigada.

Partitioning strategy (estrategia de partición)
Corresponde a un algoritmo cuya función es la de dividir las variables en servidores de parámetros.

PCA *(Principal Componet Analysis)*

Recurso que sirve para eliminar datos poco relevantes que no aportan valor al resultado predictivo de una máquina con inteligencia artificial y sí complican las labores de los algoritmos, haciéndoles perder efectividad.

Performance (rendimiento)

Da respuestas a cuánto de apropiado es un modelo o bien cómo son de certeras las predicciones.

Permutation Importance

Mecánica que sirve para la interpretación de modelos de aprendizaje automático haciendo uso de herramientas diversas.

Perplexity (perplejidad)

Comprobación de que el modelo está consiguiendo realizar su tarea.

Precision (precisión)

Corresponde a una métrica asociada a modelos de clasificación que identifica la frecuencia con la que un algoritmo hizo una certera predicción de la clase positiva.

Prediction (predicción)

Resultado que proporciona un modelo cuando se le da un conjunto de datos de entrada.

Prediction bias (sesgo de predicción)

Es la indicación que permite conocer cuánto de alejado está el promedio de las predicciones del promedio de etiquetas en el ejemplo o en el conjunto de datos.

Procesamiento natural del lenguaje

Red neuronal avanzada que puede analizar, comprender y dar respuestas al lenguaje humano a través de un programa informático.

Raíz del error cuadrático medio (RMSE)

Matriz que permite reducir la sensación de errores que ofrece la métrica error medio cuadrático.

Recall (recuperación)

Corresponde a una métrica de modelos de clasificación que dan respuesta a la cuestión siguiente

Red neuronal artificial

Es la base de la inteligencia artificial que desarrolla maneras de programar las computadoras de forma "inteligente". Se inspira en el modo en el que funciona el cerebro de las personas transmitiendo señales a través de nodos también denominados "neuronas artificiales".

Reglas heurísticas

Instrucciones generales a la hora de realizar búsquedas de una solución a un problema y que sirven como elementos organizativos en el transcurso de la resolución.

Regression Model (modelo de regresión)

Consiste en un tipo de modelo que proporciona como resultado valores continuos (generalmente de punto flotante).

Regularization (regularización)

Se trata de una penalización por la complejidad de un modelo. Con la regularización se previene el sobreajuste.

Regularization rate (tasa de regularización)

Valor para escalar. Si aumenta la tasa de regularización, significa que se reduce el sobreajuste, pero ello puede traducirse en que los resultados de los modelos no sean tan precisos.

ReLU, *Rectified Linear Unit* (unidad lineal rectificada)

Es un atributo de activación de funciones con estas reglas:

- ⊃ El resultado será cero si la entrada es negativa o cero.
- ⊃ El resultado es igual a la entrada si esta es positiva.

Representation (representación)

Procedimiento por el cual se asignan datos a los atributos rentables.

RMSE, *Root Mean Squared Error* (error de la raíz cuadrada de la media)

Corresponde a la raíz cuadrada del error cuadrático medio.

ROC, Receiver Operating Characteristic (curva de rendimiento diagnóstico)

Representa la curva de la tasa de VP (verdaderos positivos) frente a la tasa de FP (falsos positivos) en distintos límenes o umbrales de clasificación.

Rotational invariance (invariancia rotacional)

Está asociado a un problema de clasificación de imágenes. Implica la capacidad del modelo para hacer una certera clasificación aun cuando se modifican las orientaciones de esa imagen.

Scaling (ajuste)

Procedimiento de ajuste por el cual se acota el rango de valores de un atributo con idea de que este coincida con el rango de los otros atributos en el conjunto de datos.

Semi-supervised Learning (aprendizaje semisupervisado)

Responde al entrenamiento de un algoritmo ante datos de entrenamiento con y sin etiquetas.

SGD, Stochastic Gradient Descent (descenso de gradientes estocástico)

Un modelo que se basa en un solo conjunto de datos seleccionados arbitrariamente con idea de realizar un cálculo para estimar el gradiente en cada paso.

Shap values (Shapley Additive exPlanation)

Técnica que interpreta los valores de las predicciones realizadas por los modelos durante el entrenamiento.

Sistema de expertos

Sistema informático capaz de emular el razonamiento propio del ser humano de la misma manera que lo concebiría un experto especializado en un área de conocimiento.

SRM, Structural Risk Minimization (minimización del riesgo estructural)

Modelo de aprendizaje automático que nivela dos objetivos:

⮑ La aspiración de desarrollar el modelo más predictivo.
⮑ La aspiración de mantener el modelo lo más simple posible.

Static Model (modelo estático)

Todo modelo que realiza el entrenamiento sin conexión.

Stationary (estacionalidad)

Se trata de una propiedad de los datos que permanece constante normalmente en un intervalo de tiempo. Un ejemplo de datos que manifiestan estacionalidad es aquel en el que estos no cambian de un mes a otro.

Step size (tamaño de paso)

Término equivalente a la tasa de aprendizaje.

Subsampling (submuestreo)

Término que responde a una consulta de reducción.

Supervided Machine Learning (aprendizaje automático supervisado)
Responde al entrenamiento de un algoritmo a partir de datos de entrada etiquetados.

Synthetic feature (atributo sintético)
Particularidad no presente entre los atributos de entrada, pero que procede de uno o más de ellos.

Target
Término que responde al concepto de etiqueta.

Temporal Data (datos temporales)
Datos que son rastreados en distintos puntos en el tiempo. Por ejemplo, ventas de flotadores registrados en verano que para cada día del año serían contemplados como datos temporales.

Test de Turing
Prueba de capacidad de la máquina para que esta pueda hacer alarde de un comportamiento denominado "inteligente", emulando el comportamiento humano.

TN, *true negative* (verdadero negativo, VN)
Resultado en el que el modelo hizo una predicción acertada de clase negativa. Por ejemplo, el algoritmo predijo que un determinado correo electrónico no era un correo *spam* y en realidad no lo era.

TP, *true positive* (verdadero positivo, VP)
Resultado en el que el modelo hizo una predicción de clase positiva. Por ejemplo, el algoritmo predijo que un determinado correo electrónico era un correo *spam* y así lo era.

Transfer Learning (aprendizaje por transferencia)
Proceso en el que se transfiere información de una tarea de aprendizaje automático a otra.

Unlabeled example (ejemplo sin etiqueta)
Conjunto de datos no etiquetados que contienen atributos.

Unsupervised Machine Learning (aprendizaje automático no supervisado)
Tipo de aprendizaje automático que localiza patrones en un conjunto de datos que habitualmente están sin etiquetar.

Validaton set (conjunto de validación)

Representación de un subconjunto del conjunto de datos, alejado del grupo de datos de entrenamiento, que se utiliza para realizar los ajustes de hiperparámetros.

Web Scraping

Técnica que recopila datos de distintas fuentes para ser extraídos de forma automática.

Weight (peso)

Las conexiones tienen coeficientes numéricos que van adaptándose según los impulsos que reciben; este coeficiente es el peso.

Bibliografía

Monografías

→ BODEN, M. A.: *Artificial Intelligence: A Very Short Introduction (Very Short Introductions)*. Reino Unido: OUP Oxford, 2018.

   Libro de Margarita Boden, profesora de informática y divulgadora de la inteligencia artificial que a su edad avanzada y su gran sapiencia trata desde una perspectiva más espiritual el desarrollo y alcance de esta tecnología inteligente.

→ LEAL, S.: *No te vas a morir*. Sevilla: Punto Rojo Libros, 2019.

   Libro de Silvia Leal, divulgadora científica que trata la transformación digital.

→ RUIZ, J. M.: *Ciberleviatán: El colapso de la democracia liberal frente a la revolución digital*. Barcelona: Arpa Editores, 2019.

   Libro cuyo autor expone de forma muy didáctica la alternativa Ciberleviatán para promulgar un pacto entre la tecnología y la humanidad.

→ STUART Russell, P. N.: *Inteligencia Artificial. Un enfoque moderno*. Madrid: Pearson Educación, 2004.

   Libro que trata el origen y desarrollo de la inteligencia artificial desde una perspectiva innovadora.

→ VV. AA.: *A Proposal for the Dartmouth Summer Research Project on Artificial Intelligence*. Conferencia. *AI Magazine* (27-4), 2006.

   Documento que recoge los contenidos tratados en la Conferencia de Dartmouth como primer evento en el que se trató la inteligencia artificial por distintos expertos de la época, y en el que se pone de manifiesto la Declaración Fundacional de la Conferencia de Dartmouth.

Textos electrónicos, bases de datos y programas informáticos

→ Acelera los flujos de trabajo de medios, de: <https://www.dalet.com>.

Sitio web que comercializa servicios de multiplataforma para facilitar flujos de trabajo, basados en inteligencia artificial.

→ Aplicación de técnicas de Minería de Datos a datos obtenidos por el Centro Andaluz de Medio Ambiente (CEAMA), de: <https://masteres.ugr.es>.

Trabajo fin de máster que hace uso de la plataforma de aprendizaje automático *Weka* para explicar las distintas técnicas de minería de datos a través de ejemplos prácticos.

→ Aprendizaje de Reglas, de: <https://ccc.inaoep.mx>.

Documento publicado por INAOE que sirve de ayuda para comprender una estrategia básica de construcción de modelo basado en árboles de decisión y que hace una comparativa en la aplicación de dos conocidas reglas.

→ Aprendizaje por refuerzo, de: <https://canal.uned.es>.

Recurso educativo del Canal UNED sobre aprendizaje por refuerzo.

→ Articoolo, de: <http://articoolo.com/>.

Plataforma que utiliza inteligencia artificial para la creación de contenidos digitales únicos.

→ Así innovan los supermercados para ser más competitivos, de: <https://www.expansion.com>.

Artículo de prensa digital que informa de las nuevas tendencias de inteligencia artificial aprovechadas por el sector *Retail*.

→ Bertrand Russell: centenario de *Principios de las matemáticas,* de: <https://rac.es>.

Documento que trata los principios de las matemáticas recogidos en el XII Programa de Promoción de la Cultura y Tecnología.

→ Clases desbalanceadas en modelos de *Machine Learning,* de: <https://www.juanbarrios.com>.

Artículo web que explica con sencillez cómo afectan las clases desbalanceadas en *Machine Learning* y cómo se ha de proceder.

→ Clasificación de imágenes en *Python,* de: <https://www.aprendemachinelearning.com>.

Artículo web que muestra la manera en la que se puede construir una red neuronal haciendo una clasificación de imágenes en *Python*.

→ *Data Mining Toolbox in Python,* de: <http://jmlr.org>.

> Artículo publicado en la revista *JMLR,* que trata las técnicas de minería de datos en *Orange.*

→ *Data science technology forhuman sensemaking,* de: <https://www.anaconda.com/>.

> Sitio web que facilita un kit de herramientas específicas y de código abierto para la ciencia de datos *Python/R* y el aprendizaje automático.

→ Drift: La mejor Alternativa a Intercom para el chat de tu Web, de: <https://www.misingresospasivos.com>.

> Artículo que publicita un recurso para hacer un seguimiento de clientes potencial y dar una atención a clientes, haciendo uso de un recurso conversacional o chat dentro de la web.

→ Emérita Legal, de: <https://www.emerita.legal>.

> Sitio web de la plataforma de Emérita Legal orientada a la promoción de información de interés público en el ámbito de la justicia haciendo uso de la inteligencia artificial.

→ Estadísticas IA Conversacional: Chatbots NLP en 2020, de: Landbot: <https://landbot.io>.

> Artículo web que aborda el universo de la inteligencia artificial desde el enfoque conversacional.

→ Gestionamos todos tus proyectos de traducción, de: <https://berba.net>.

> Plataforma de *crowdsourcing* que utiliza inteligencia artificial para ofrecer servicios de traducción rápidos y calidad.

→ *Gradiente Descendiente para aprendizaje automático,* de: <https://www.iartificial.net>.

> Explicación del algoritmo Gradiente y su método a través de ejemplos.

→ Guía sobre el uso de las cookies. Agencia Española de Protección de Datos, de: <https://www.aepd.es>.

> Documento que aporta líneas de actuación para el cumplimiento de la normativa en materia de *cookies* y que permite vislumbrar la gran ingesta de datos recopilados de los usuarios a través de los servicios de internet.

→ Interpretación de Modelos de *Machine Learning,* de: <https://www.aprendemachinelearning.com>.

> Artículo web que trata a lo largo de todo su contenido interesantes temáticas relacionadas con el aprendizaje automático.

→ La Inteligencia Artificial, como el hacha, se puede usar para el bien o para el mal, de: <https://lab.elmundo.es>.

> Artículo web que observa la inteligencia artificial desde el prisma y conocimiento de la veterana experta Margaret Boden.

→ La matriz de confusión y sus métricas, de: <https://www.juanbarrios.com>.

> Artículo web que trata la matriz de confusión como el instrumento que permite la visualización del desempeño de los algoritmos de aprendizaje supervisado.

→ Las tendencias que debes conocer si eres emprendedor: del *Big Data* al *Blockchain,* de: <https://blogthinkbig.com>.

> Interesante artículo que hace recapacitar sobre el siguiente nivel de transformación digital que cualquier empresa o emprendedor debe implementar.

→ Librerías más usadas en *Python,* de: <https://decodigo.com>.

> Artículo que muestra una relación de librerías de *Python* para importar, acceder y crear.

→ Los sistemas de información: evolución y desarrollo, de: <http://files.granadasistemasdeinformaion-cur.webnode.es>.

> Documento que se puede encontrar en el repositorio de la UNIR, y que trata de los sistemas de información empresariales y su nuevo papel con la intervención de la inteligencia artificial para las relaciones laborales.

→ Lumen5, de: <https://lumen5.com/>.

> *Software* para la creación de contenidos visuales con inteligencia artificial que mejora la experiencia del editor.

→ *ManyChat: Paso a Paso en Español*, de: <https://benllyhidalgo.com>.

> Tutorial para aprender a construir un *bot* sin conocimientos de programación.

→ Métricas de Evaluación Clasificación con *Scikit Learn,* de: <https://aprendeia.com>.

> Vídeo del canal de Aprende IA que trata cómo se han de implementar las métricas de evaluación de algoritmos de clasificación con la librería de *Python.*

→ Newell, Simon & Shaw desarrollan el primer programa de inteligencia artificial 1955-7/1956, de: <https://www.historyofinformation.com>.

> Artículo que explica cómo nació el primer programa de inteligencia artificial.

→ Observatorio Nacional de Telecomunicaciones y la Sociedad de la Información. Obtenido de: <https://www.ontsi.red.es>.

> Sitio web del Observatorio Nacional de las Telecomunicaciones y de la Sociedad de la Información donde se pueden encontrar numerosos estudios, indicadores, políticas y estrategias en torno al desarrollo tecnológico y su impacto.

→ *Orange,* de: <https://orange.biolab.si/>.

> Sitio de descarga de *Orange.*

→ *Python,* de: <https://github.com>.

> Biblioteca de *Python* para depurar/inspeccionar clasificadores de aprendizaje automático y explicar sus predicciones.

→ Tendencias en *eLearning y Formación Online,* de: <https://www.expoelearning.com>.

> Artículo web que muestra interesantes aplicaciones de la inteligencia artificial en el sector de la formación *online.*

→ Tipos de aprendizaje automático, de: <https://medium.com>.

> Artículo web que hace distinción de los diversos tipos de aprendizaje automático, dando una explicación clara y concisa para comprender las diferencias.

→ *Transfer Learning* en modelos profundos, de: <https://empresas.blogthinkbig.com>.

> Interesante artículo web que trata desde el enfoque del aprendizaje profundo cómo clasificar imágenes con *Transfer Learning.*

→ Un filósofo en *Silicon Valley,* de: <https://ethic.es>.

> Interesante artículo que pone de manifiesto el papel del filósofo en la construcción de la inteligencia artificial.

→ Usando la Inteligencia Artificial para predecir dónde y cuándo caerá un rayo, de: <https://smart-lighting.es>.

> Artículo web que trata la capacidad predictiva de la inteligencia artificial para determinar situaciones futuribles de carácter atmosférico.

→ *Weka,* de: <https://waikato.github.io>.

> Sitio de descarga de *Weka.*